Was ist Lernen an Stationen?

Beim Lernen an Stationen handelt es sich um eine Form selbstständigen Arbeitens, bei der
- [ ] unterschiedliche Lernvoraussetzungen,
- [ ] unterschiedliche Zugänge und Betrachtungsweisen,
- [ ] unterschiedliches Lern- und Arbeitstempo
- [ ] und häufig fächerübergreifendes Arbeiten

berücksichtigt werden.

Grundidee

Den Schülerinnen und Schülern werden Arbeitsstationen zur individuellen Bearbeitung angeboten, an welchen sie selbstständig, in beliebiger Abfolge und meist auch in frei gewählter Sozialform entsprechend ihren Möglichkeiten und Fähigkeiten arbeiten. Damit soll ihnen optimales Lernen und Üben ermöglicht werden.

Herkunft und Entwicklung

Die Idee des Lernens an Stationen, auch Lernzirkel genannt, kommt ursprünglich aus dem Sportbereich. Das „circuit training", von Morgan und Adamson 1952 in England entwickelt, stellt den Sportlern unterschiedliche Übungsstationen zur Verfügung, die sie der Reihe nach oder in freier Auswahl durchlaufen.
Eine Übertragung dieser Lernform auf Unterrichtsinhalte in verschiedenen Fächern wurde zunächst an der Schallenbergschule in Aidlingen/Baden-Württemberg, später am Seminar für schulpraktische Ausbildung in Sindelfingen und seit etwa 1980 an vielen Schulen aufgegriffen und stetig weiterentwickelt.
Der Herausgeber und die Autoren stellen die Ergebnisse ihrer eigenen praktischen Arbeit und Erfahrung in dieser Reihe vor und bieten ihre Materialien als Grundlage für den direkten Einsatz oder als Grundlage für eine Anpassung an eigene Bedürfnisse an.

Zielrichtungen

Das Lernen an Stationen kann unterschiedliche Ziele verfolgen:
- [ ] durch ein breites Angebot optimales Üben ermöglichen, das die verschiedenen Lerneingangskanäle, allgemeine Übungsgesetze, unterschiedliche Aufgabenarten, Schwierigkeiten und Hilfestellungen berücksichtigt,
- [ ] vertiefendes Bearbeiten eines Inhalts beziehungsweise eines Themengebietes, indem Schülerinnen und Schüler nach zuvor gestalteter Übersicht oder Einführung die Inhalte auf ihre Art, mit ihren Möglichkeiten und in ihrem individuellen Tempo auf unterschiedlichen Ebenen selbstständig bearbeiten,
- [ ] selbstständig Themengebiete erarbeiten, indem die Schülerinnen und Schüler durch angemessene Arbeitsangebote Sachverhalte hinterfragen, erforschen, erfahren, gestalten usw.,
- [ ] Angebote aus Schulbüchern oder Medien unter ganzheitlicher Betrachtungsweise aufarbeiten, indem die Schülerinnen und Schüler Aufgabenstellungen zu Teilgebieten mit unterschiedlicher Betrachtungsweise und auf unterschiedlichen Ebenen fächerübergreifend bearbeiten.

Organisation

Die einzelnen Arbeitsaufträge geben den Schülerinnen und Schülern klare oder offene Aufgabenstellungen mit eindeutigen Anweisungen. Die Angebote werden im Klassenzimmer zur Verfügung gestellt, indem der Arbeitsauftrag durch Aushängen oder Auslegen bereitgestellt wird. Dazu bietet sich zum Schutz das Verpacken in Prospekthüllen an.
Als Ort zum Aushängen eignen sich alle Wand- und zum Teil auch die Fensterflächen. Pinn-Nadeln oder Nägel (Nagelleisten) erleichtern das Aufhängen und Abnehmen. Beim Auslegen der Arbeitsangebote bzw. -aufträge helfen Ablagekörbe, Ordnung zu halten.
Das Bereitstellen außerhalb der Schülerarbeitstische (also auf Fensterbänken, Nebentischen oder durch Aufhängen) erübrigt das tägliche Aufbauen und Wiederabräumen, stellt also eine große zeitliche und organisatorische Erleichterung dar. Falls im „Fachlehrerbetrieb" der ständige Abbau nötig ist, sind ineinander stapelbare Ablagekörbe, in denen die Aufträge verbleiben, sehr hilfreich.
Die Kennzeichnung der einzelnen Stationen durch Ziffern, Buchstaben oder Symbole hilft den Schülerinnen und Schülern bei der Orientierung. Durch bewusste Verwendung dieser Ordnungsangebote kann die Struktur des Themengebietes oder eine andere Struktur (z. B. Arbeitsform o. Ä.) gleichzeitig verdeutlicht werden.

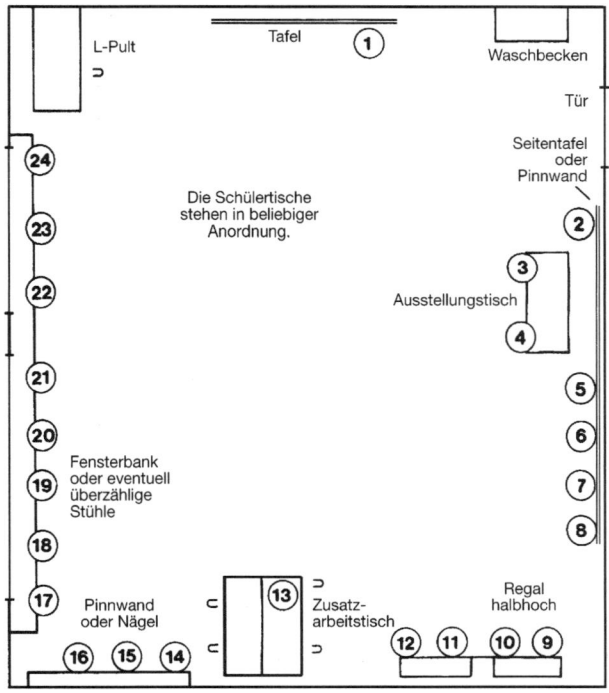

Eine Fortschrittsliste bzw. ein Laufzettel gibt Schülerinnen und Schülern wie den Lehrkräften jederzeit eine Rückmeldung über den derzeitigen Bearbeitungsstand und dient der Übersicht.

Bearbeitungsdauer
Die tägliche Bearbeitungszeit sollte in der Regel etwa eine, im Höchstfall bis zu zwei Unterrichtsstunden betragen. Der insgesamt mögliche Zeitrahmen ist den folgenden Hinweisen zur aktuellen Thematik zu entnehmen.

Auswahlangebote
Den Schülerinnen und Schülern ist sinnvollerweise ein Auswahlangebot zu ermöglichen. Minimalanforderungen können von der Lehrerin oder dem Lehrer definiert werden. Als Orientierungshilfe finden Sie dazu in den Hinweisen zu diesem Themenheft weitere Angaben.

Einführung
Eine besondere Einführung erübrigt sich meist, wenn die Schülerinnen und Schüler bereits vor Beginn der eigentlichen Arbeit die Stationen und ausgelegten Materialien ansehen können. Die kindliche Neugier sowie gegenseitige Informationen und Gespräche machen dann nur noch in seltenen Fällen eine Vorstellung einzelner Stationen und die erstmalige Zuweisung der Anfangsstation erforderlich.

Sonstige Tipps
Organisatorische Bedingungen und Festlegungen sind möglichst an der konkreten Situation und erst beim tatsächlichen Bedarf zu klären und zu regeln. Ist die Klassenstärke größer als die Anzahl der zur Verfügung stehenden Arbeitsstationen, können Sie die einzelnen Arbeitsaufträge mehrfach anfertigen. Weitere Hinweise zur Organisation, zu den Inhalten und zum Lernen an Stationen allgemein finden Sie im Einführungsband zu dieser Reihe, der unter dem Titel *Lernen an Stationen in der Grundschule. Ein Weg zum kindgerechten Lernen* beim Cornelsen Verlag Scriptor (ISBN 3-589-21108-3) erschienen ist.

Roland Bauer
(Herausgeber)

Allgemeine Hinweise zu diesem Themenheft

Die vorliegenden Arbeitsstationen können sowohl in Klasse 2 und 3 als auch mit geringfügigen Erweiterungen (z. B. stärkere Berücksichtigung der Kommaschreibweise, des erweiterten Zahlenbereichs und der Multiplikation) in Klasse 4 eingesetzt werden. Einige Aufgabenstellungen enthalten Leerstellen, die Sie im Sinne einer individuellen Anpassung an Ihre Klasse ausfüllen können.

Ziele
Neben den inhaltlichen Betrachtungen und Arbeiten, die den Umgang mit Geld auf handelnder, bildhafter und symbolischer Ebene aufgreifen, sollen auch folgende übergeordnete Ziele verfolgt werden:
☐ den Wirklichkeits- und Lebensbezug sowohl direkt als auch durch die Berücksichtigung von Randthemen deutlich zu machen,
☐ selbstverantwortliches Arbeiten durch Selbstkontrolle und die weitgehend freie Wahl der Sozialform zu ermöglichen,
☐ dort, wo es sich anbietet, den Kindern auch das Erstellen von Aufgaben zu überlassen, um vor allem auch aktiven Lerntypen gerecht zu werden,
☐ die Differenzierung in Quantität und Schwierigkeit über Mindestanforderungen einerseits und offene Aufgabenstellungen andererseits weitgehend in die Hände der Kinder zu legen.

Gestaltung der Einführungsphase
Die direkte Verbindung des Themas „Geld/Einkaufen" und der Lebenswirklichkeit der Kinder macht eine Einführungsstunde entbehrlich. Als Hinführung kann der Aufbau eines „Kaufladens" im Klassenzimmer und der Besuch eines Kaufhauses oder Geschäftes im Einzugsbereich der Schule dienen. Beobachtungsaufgaben unterschiedlichster Art und das Erstellen einer Fotoserie können die Verbindung zu den dann folgenden Arbeitsstationen herstellen. Bei dem Lerngang können sich die Kinder auf die Gestaltung von Geschäften, die Auslage der Ware, die Preisauszeichnung, Tätigkeiten beim Einkaufen und Verkaufen, beim Bezahlen usw. konzentrieren. Wenn jedes Kind sich ein Fotomotiv auswählen kann und dieses Foto dann von der Lehrkraft gemacht wird, sind gleichzeitig unterschiedliche Betrachtungsebenen und persönliche Bindungen zu den späteren Materialien geschaffen. Die Fotos dienen während des Arbeitens an den Stationen als ikonische (bildliche) Ebene und gleichzeitig als Grundlage für die Erstellung von Sachaufgaben und Beschreibungen. Auch während der Schlussbesprechung können in Anlehnung an diese Bilder und die an einzelnen Stationen erstellten eigenen Aufgaben und Plakate Lernzuwachs, Erfahrungsgewinn und verschiedene Lösungsmöglichkeiten erkannt und verdeutlicht werden.

Gliederungshilfen
Es empfiehlt sich, die einzelnen Themenschwerpunkte (insgesamt sind es fünf) auf jeweils unterschiedlich farbiges Papier zu kopieren, z. B. alle Stationen zum Thema „Geldwerte kennen und vergleichen" auf blaues Papier und alle Stationen zum Thema „Kassenzettel – Rückgeld" auf grünes Papier.
Jedes einzelne Stationenblatt nennt in der Kopfzeile seinen übergeordneten Themenschwerpunkt und in der

Überschrift die Haupttätigkeit dieser Station, z. B. „Gleiche Münzen fühlen", was den Kindern die Auswahl und Orientierung erleichtert. Um einzelne Aufgaben den Bedürfnissen der jeweiligen Klasse und Klassenstufe spezieller anzupassen, können die angegebenen Preise verändert (Größe, Kommaschreibweise usw.) und das jeweils angesprochene Prospektmaterial angepasst werden. Dafür eignen sich für Klasse 3 und 4 Computerprospekte, Reiseprospekte, Fahrradprospekte ebenso wie Prospekte für Sportartikel, Haushaltsgeräte und in Klasse 4 auch solche von unterschiedlichen Autofirmen. In diesem Falle kann auch noch das Lesen von Tabellen, das Berechnen von Unterschieden usw. als zusätzlicher Inhalt mit und ohne direkte Aufgabenstellung integriert werden.

Arbeitsblätter oder einzelne Aufgabenstellungen können sowohl als Kopie als auch in einer Prospekthülle oder foliert zur direkten Beschriftung mit Folienstift angeboten werden. Die Symbole mit den lachenden Gesichtern verweisen auf die an dieser Station empfehlenswerte Sozialform: ☺☺ – Partnerarbeit; ☺☺☺ – Gruppenarbeit. Die Stationen ohne Symbol werden am besten jeweils von einem Kind bearbeitet. Die Zusatzaufgaben (**Z**) dienen der zusätzlichen Differenzierung.

Die Kinder sollten vor Beginn der Arbeiten den Hinweis erhalten, was mit ihren selbst erstellten Aufgaben geschieht. Als Möglichkeiten bieten sich an:
☐ ins Heft schreiben,
☐ in eine Prospekthülle stecken und den anderen Kindern als Aufgabensammlung zur Verfügung stellen,
☐ auf einem Plakat öffentlich machen,
☐ für eine Ausstellung (z. B. Elternabend) entsprechend gestalten.

Auswahlangebot und Laufzettel

Sie können eine Mindestanzahl von Stationen vorgeben, die jedes Kind innerhalb eines Themenschwerpunktes zu erfüllen hat. Eine direkte Festlegung oder gar die pflichtgemäße Erledigung aller Aufgaben scheint uns nicht gerechtfertigt und würde dem Anliegen des Lernens an Stationen, einem individuellen und kindorientierten Lernen, entgegenwirken. Der Hinweis an die Kinder, dass zu jedem Themenschwerpunkt mindestens drei Aufgaben zu erledigen sind und ansonsten so viele, bis sich ein Kind sicher fühlt, hat sich in der Unterrichtspraxis sehr bewährt.

Die Stationen sind nicht durchnummeriert, da jeder Lehrer und jede Lehrerin sich andere Stationen aussuchen wird. Kaum eine Lehrkraft wird alle angebotenen Stationen machen können oder wollen. Folgender Tipp erleichtert Ihnen Ihre Arbeit: Nachdem Sie Ihre Stationen-Auswahl vorgenommen und die entsprechenden Stationenblätter kopiert haben, nummerieren Sie diese fortlaufend. Das erleichtert nicht nur Ihnen und den Kindern die Orientierung im Stationenzirkel. Abschließend tragen sie Ihre Nummern in eine Kopie des Laufzettels (Seite 6) ein, bevor Sie diese erneut für die Kinder kopieren.

Kontrollmöglichkeiten

Die einzelnen Stationen enthalten Hinweise zur Kontrolle, wobei die Partnerkontrolle, die Rückmeldung durch die Lehrerin/den Lehrer und der selbstständige Vergleich mit Kontrollblättern im Vordergrund stehen. Diese Kontrollblätter können vorab von der Lehrkraft oder auch durch einzelne Kinder erstellt werden, wobei dann ein „Endkontrolle" durch die Lehrkraft erforderlich ist.

Weitere Möglichkeiten und Ausweitungen des Themengebietes

Es ist durchaus möglich, dieses Themenheft auch jahrgangsübergreifend einzusetzen oder zu einem Projekt auszuweiten. Als Anregung seien folgende Möglichkeiten genannt:
☐ verschiedene Kaufläden einrichten (Bäckerei, Lebensmittel-, Spielwaren- oder Schreibwarengeschäft), z. B. als Collage,
☐ Einkaufstaschen nähen und bemalen, andere Verpackungen herstellen und gestalten,
☐ Werbeprospekte gestalten,
☐ Spielzeug selbst herstellen (z. B. Raddampfer aus Holz, Holzfahrzeuge)
☐ backen,
☐ Blumentöpfe bemalen und gegebenenfalls Pflanzen ziehen (Sonnenblumen usw.)
☐ Papier schöpfen und gestalten,
☐ Briefpapier bedrucken, Karten basteln
☐ Obst und Gemüse aus Salz-/Mehlteig oder Ton gestalten und bemalen.

Jutta Maurach   Roland Bauer

Materialliste und Anmerkungen zu den einzelnen Stationen

Geldwerte kennen und vergleichen

Münzen und Scheine bezeichnen .... Seite 7
  Arbeitsblatt kopieren oder folieren, eventuell vergrößern

Geldmünzen durchrubbeln und bezeichnen 8
  ein Säckchen mit den acht gängigen deutschen Münzen (1 Pf, 2 Pf, 5 Pf, 10 Pf, 50 Pf, 1 DM, 2 DM UND 5 DM), weiche Bleistifte, weißes Papier

Gleiche Münzen fühlen 9
  zwei Säckchen mit den gängigen deutschen Münzen (1 Pf, 2 Pf, 5 Pf, 10 Pf, 50 Pf, 1 DM, 2 DM UND 5 DM)

Geldbeträge legen 10
  Spielgeld und mit Geldbeträgen beschriftete Kärtchen

Geldbeträge ermitteln 11
  Karten mit Spielgeld bekleben – das können die Kinder auch selber machen – und die Summe auf die Rückseite schreiben

Pfeilbilder 12
  Arbeitsblatt kopieren oder folieren, eventuell vergrößern; im ersten Teil angemessene Zahlen eintragen; das ausgefüllte Arbeitsblatt noch einmal kopieren und Lösungen eintragen (als Kontrollblatt auf die Rückseite kleben)

Ausländische Währungen 13
  Münzen aus verschiedenen Ländern, weiche Bleistifte, weißes Papier, ein Globus oder eine nicht zu kleine Weltkarte

Kursumrechnungen 14
  Lösungen auf die Rückseite des kopierten Arbeitsblattes schreiben

Preise vergleichen 15
  unterschiedliches Prospektmaterial aus verschiedenen Zahlenbereichen (z. B. Spielwaren-, Reise-, Computer-, Fahrradprospekt)

Preise einordnen 16
  ein Plakat (DIN A1 oder größer) mit ca. sechs Preiskategorien

Preise zuordnen 17
  Lösungen auf die Rückseite des kopierten Arbeitsblattes schreiben: Fahrrad 598,–DM, Pullover 50,–DM, Buch 12,–DM, Eier 2,99 DM und Kaugummi 0,50 DM

Preise früher – Preise heute 18
  in der Klasse sowohl bzgl. des Ausstellungsortes als auch inhaltlich besprechen

Preise früher – Preise heute – Preisvergleich 19
  einen roten und einen grünen Filz- oder Buntstift, Lösungen auf die Rückseite des Arbeitsblattes schreiben

Geldwerte darstellen und zerlegen

Bezahlen bei der Post .... Seite 20
  aktuelle Portokosten eintragen – wenn Sie unterschiedliche Postsendungen, eine Briefwaage und Portotabelle bereitstellen, können die Kinder an dieser Station auch konkret handelnd arbeiten; als Vereinfachung können entwertete, ausgeschnittene Briefmarken verwendet werden

Preisschilder und Geldkarten zuordnen 21
  die Kopiervorlage kopieren, Geldstücke ausschneiden und auf stärkeren Karton aufkleben

Geld sinnvoll zählen 23
  ein Glas mit verschiedenen Münzen „füllen", auf die Rückseite der Kopie des Stationenblattes den Gesamtbetrag notieren

Geldbeträge zusammenstellen 24
  Arbeitsblatt für jedes Kind kopieren oder folieren und dann immer wieder abwischen; Arbeitsblatt einmal kopieren und ausfüllen (als Kontrollblatt bereitlegen)

Auf verschiedene Arten bezahlen – Tabelle ausfüllen 25
  Arbeitsblatt für jedes Kind kopieren oder folieren und dann immer wieder abwischen; eine Beispielaufgabe auf der Rückseite des Stationenblattes lösen

Auf verschiedene Arten bezahlen – Münzen und Scheine einkreisen 26
  je nach Klassenstufe passende Beträge einsetzen; Kopiervorlage für jedes Kind kopieren; ein Satz Bunt- oder Filzstifte

Auf verschiedene Arten bezahlen – mit Spielgeld legen 28
  Spielgeld

Auf verschiedene Arten bezahlen – Spielgeld aufkleben 29
  ein Plakat mit Bildern und Preisschildern bekleben und aufhängen, Spielgeld, Klebstoff

Auf verschiedene Arten bezahlen – mit Spielgeld unterschiedlich legen 30
  Spielgeld

Auf verschiedene Arten bezahlen – nur unterschiedliche Münzen verwenden 31
  Spielgeld

Unterschiedliche Schreibweisen 32
  Arbeitsblatt für jedes Kind kopieren oder einmal folieren; Lösungen zur Selbstkontrolle vorbereiten

	Seite
Einkaufen – Verkaufen	
Einkaufsstätten – Markt	33
Einkaufsstätten – früher und heute	34
Kaufladen einrichten	35
Klebstoff, Papier, auch als vorbereitende Hausaufgabe oder in einer Einführungsstunde möglich	
Spielen im Kaufladen	36
Taschenrechner, je nach Möglichkeiten der Kinder können die Preisschilder mit oder ohne Kommaschreibweise gestaltet werden – zusätzliche Differenzierungsmöglichkeit: Anzahl der Gegenstände	
Einkäufe nachvollziehen	37

Rechengeschichten
Sparbeträge bestimmen ... 38
Unterschiedliche Fragen beantworten ... 39
Lösung auf die Rückseite des Stationsblattes schreiben
Unterschiedliche Lösungen finden ... 40
einige Lösungsvorschläge auf die Rückseite des Stationsblattes schreiben
Fragen zum Urlaub stellen und beantworten ... 41
diese Station ist eher für die Klassen 3 und 4 geeignet; Lösungen auf die Rückseite des Stationsblattes schreiben
Zu Bildern Sachaufgaben schreiben ... 42
Sachaufgaben gestalten, schreiben und lösen ... 43
Prospekte, Schere, Papier, Klebstoff

Kassenzettel – Rückgeld
Zu Bildern Rückgeld berechnen ... 44
Lösung auf die Rückseite des Stationsblattes schreiben
Rückgeld berechnen ... 45
Spielgeld; Lösung auf die Rückseite des Stationsblattes schreiben; evtl. zusätzliche Beträge eintragen
Bezahlen und Rückgeld bekommen ... 46
Karten mit bestimmten Beträgen beschriften, Spielgeld, Karton oder Box als „Kasse"
Kassenzettel lesen ... 47
Arbeitsblatt kopieren und richtig ausfüllen (als Kontrollblatt auf die Rückseite des Arbeitsblattes kopieren oder kleben); eventuell im Sinne weiterer Differenzierung weitere Kassenzettel mitbringen
Kassenzettel schreiben ... 48
Prospekte, einige echte Kassenzettel als Hilfen

Laufzettel von: ....

Die folgenden Stationen habe ich schon geschafft:

Geldwerte kennen und vergleichen

STATION

Münzen und Scheine bezeichnen

■ Schreibe zu jeder Münze und zu jedem Schein den Wert in Worten und in der Abkürzung dazu.

fünf Deutsche Mark, 5 DM

zehn Pfennig, 10 Pf

Geldwerte kennen und vergleichen

STATION

Geldmünzen durchrubbeln und bezeichnen

- In dem Säckchen findest du die acht deutschen Geldmünzen, die wir jeden Tag beim Einkaufen benutzen.
- Nimm dir ein weißes Blatt Papier und rubble alle Münzen durch (Vorder- und Rückseite).
- Schreibe ihren Wert als ganzes Wort oder in DM und Pf dazu.

Geldwerte kennen und vergleichen

Gleiche Münzen fühlen

- Suche dir ein anderes Kind, das dir die beiden Geldsäckchen bereithält.
- Versuche gleichzeitig mit der rechten und der linken Hand in beiden Säckchen gleiche Münzen zu fühlen.
- Kannst du auch sagen, wie das jeweilige Geldstück heißt und welche Farbe es hat?
- Wenn du sie herausholst, könnt ihr beide sehen, ob die Lösung richtig ist.
- Rollentausch nicht vergessen!

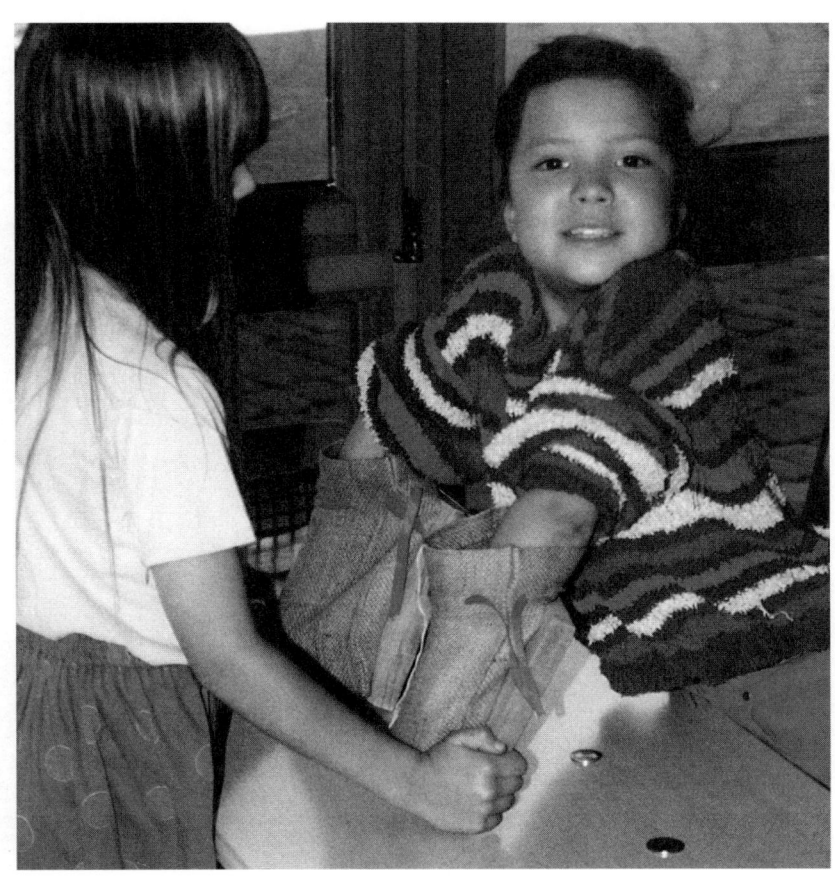

Geldwerte kennen und vergleichen

Geldbeträge legen

- Lege den angegebenen Betrag mit Spielgeld neben jede Karte.
- Suche dir ein anderes Kind, das deine Lösung kontrolliert.

Geldwerte kennen und vergleichen

Geldbeträge ermitteln

- Suche dir ein anderes Kind, dem du die Kärtchen mit den aufgeklebten Geldbeträgen zeigst.

- Es nennt dir jeweils den auf der Karte dargestellten Gesamtbetrag.

- Du kontrollierst sein Ergebnis! Wenn du nicht sicher bist, schau auf die Rückseite des Kärtchens.

- Rollentausch beachten!

Geldwerte kennen und vergleichen
STATION

Pfeilbilder

■ Suche dir mindestens drei Aufgaben aus und löse sie!

■ Zeichne die Pfeile ein!

⟶ = ist mehr als   ⟶ = ist weniger als

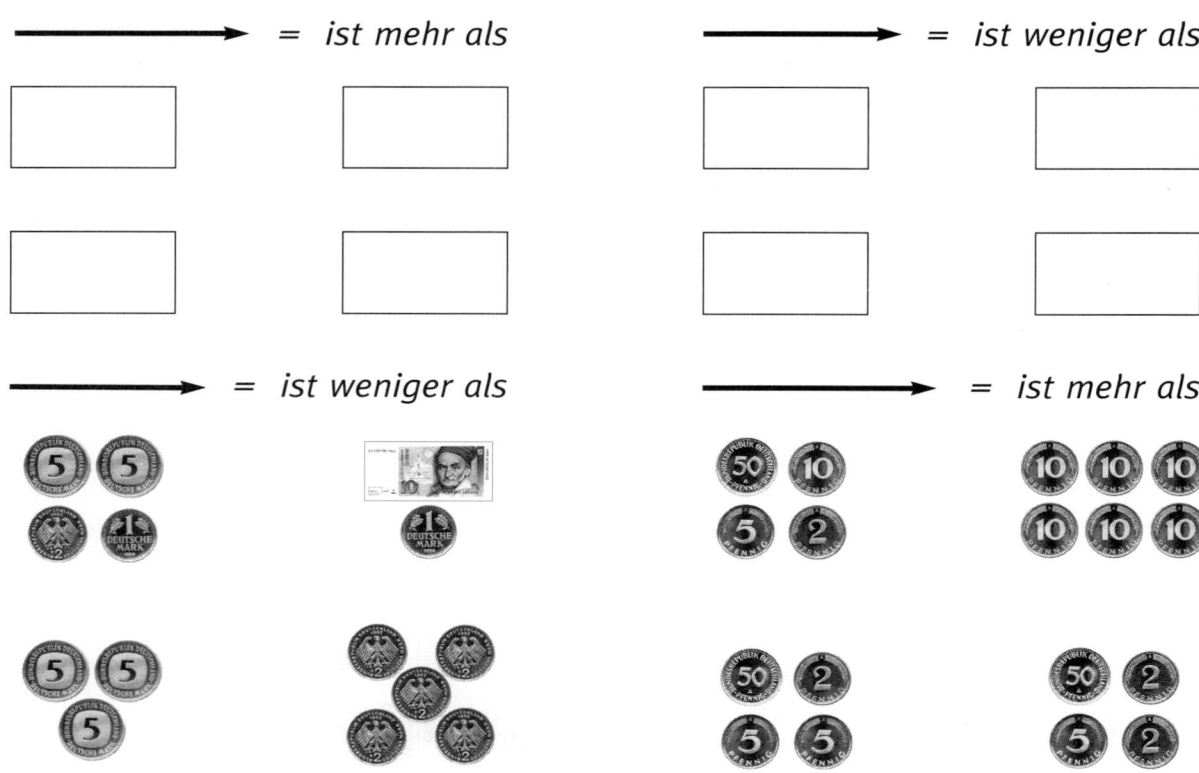

■ Setze folgende Beträge passend ein!
12 DM, 20 DM, 14 DM, 16 DM

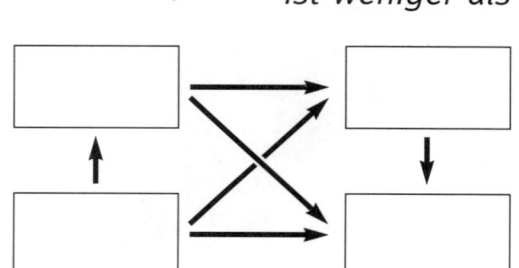

⟶ = ist weniger als   ⟶ = ist mehr als

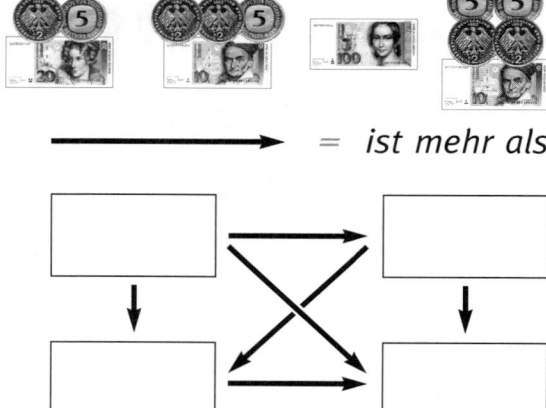

■ Vergleiche die Lösung mit der auf der Rückseite.

Geldwerte kennen und vergleichen

Ausländische Währungen

- Sortiere die Münzen nach Ländern, in denen du damit bezahlen kannst.

- Nimm ein weißes Blatt Papier!

- Schreibe jeweils zuerst als Überschrift den Namen des Landes (versuche den deutschen Namen zu finden).

- Rubble alle Münzen, die du zu diesem Land gefunden hast, von beiden Seiten durch und schreibe den Namen für das Geldstück daneben.

- Suche die Länder auf dem Globus oder der Karte!

Ein Beispiel:

Dänemark

25 Öre   50 Öre   1 Krone   5 Kronen

Geldwerte kennen und vergleichen

Kursumrechnungen

Andere Länder haben anderes Geld. Wenn du wissen möchtest, wie teuer die Dinge für dich in diesem Land sind, musst du rechnen.

> 3 Francs (Geldstücke in Frankreich)
> sind ungefähr 1 DM
>
> oder
>
> 7 Schillinge (Geldstücke in Österreich)
> sind ungefähr 1 DM

- Wie viele DM musst du ausgeben für einen Pulli, der in Frankreich 90 Francs kostet?

- Wie viele DM musst du ausgeben für Farbstifte, die in Österreich 35 Schillinge kosten?

- Die Lösungen findest du auf der Rückseite.

- Erfinde selbst weitere Beispiele und schreibe sie ins Heft.

Geldwerte kennen und vergleichen

STATION

Preise vergleichen

- Suche dir einen Werbeprospekt oder eine Seite daraus aus.
- Schneide den teuersten und den billigsten Artikel aus.
- Klebe diese Bilder in dein Heft und schreibe die Preise dazu.
- Kannst du berechnen, wie groß der Preisunterschied ist? Toll! Schreibe ihn dazu.
- Schneide nun auch andere Artikel aus und klebe sie nach dem Preis geordnet in dein Heft. Beginne mit dem teuersten und schreibe die Preise dazu.

Geldwerte kennen und vergleichen
STATION

Preise einordnen

■ Schneide aus dem Werbeprospekt mindestens fünf verschiedene Gegenstände und den dazugehörigen Preis aus.

■ Klebe sie an die richtige Stelle auf das Plakat.

Geldwerte kennen und vergleichen

STATION

Preise zuordnen

■ Verbinde die Gegenstände mit den passenden Preisen.

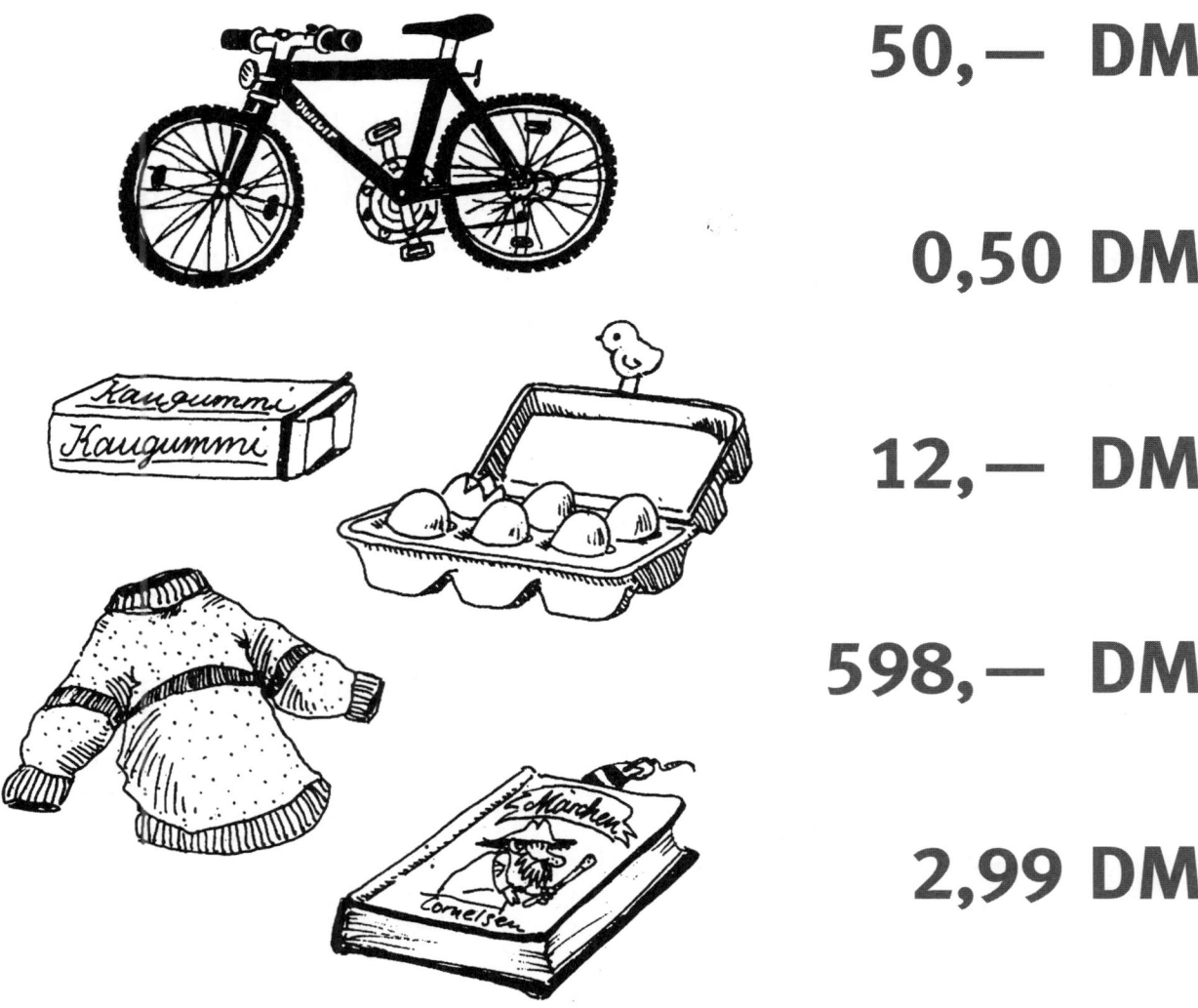

50,— DM

0,50 DM

12,— DM

598,— DM

2,99 DM

■ Kontrolliere selbst! Vergleiche dein Ergebnis mit der Lösung auf der Rückseite.

Z Du kannst gerne auf einer Karteikarte eine ähnliche Aufgabe mit Lösung erstellen! Du kannst dazu den Prospekt zu Hilfe nehmen.

Geldwerte kennen und vergleichen

Preise früher – Preise heute

Manche Preise für Lebensmittel oder andere Dinge waren früher viel niedriger als heute. Manche Dinge waren früher aber auch viel teurer als heute.

- Befrage deine Eltern oder Großeltern nach früheren Preisen.
- Schreibe die Artikel, ihre Preise und die dazugehörige Jahreszahl nebeneinander auf einen Zettel. Hänge diesen Zettel dann im Klassenzimmer auf.

Ein Beispiel:

Geldwerte kennen und vergleichen
STATION

Preise früher – Preise heute – Preisvergleich

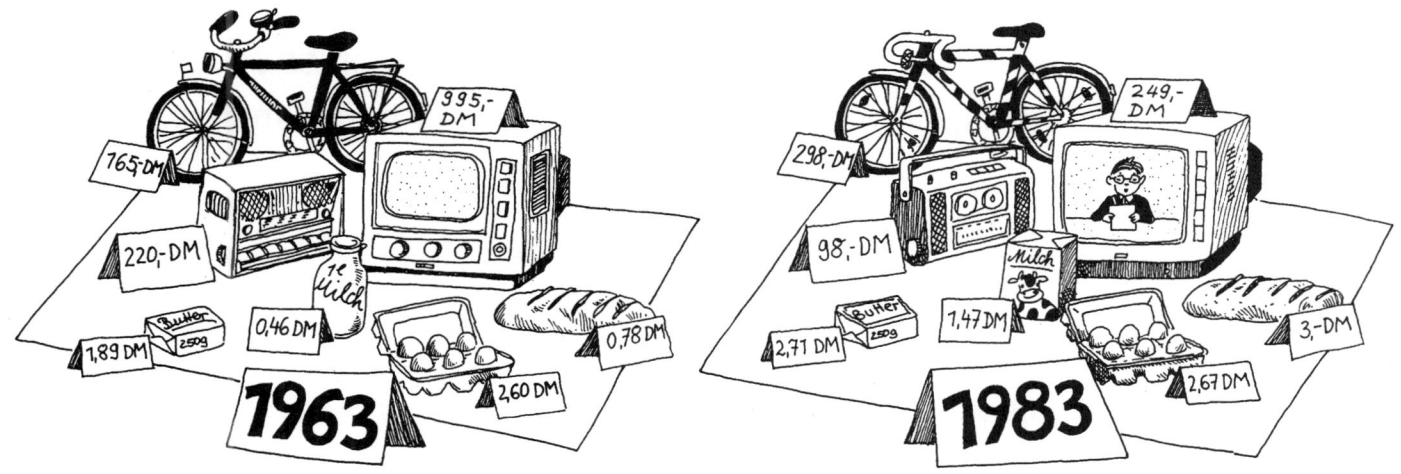

■ Lege im Heft eine Tabelle an und trage die Gegenstände und Preise ein.

Gegenstand	Preis 1983	Preis 1963
1 Liter Milch	1 DM 47 Pf	46 Pf

■ Kannst du feststellen, was die Dinge heute kosten? Dann kannst du deine Tabelle noch um die Spalte „Preis heute" erweitern.

■ Kreise die Gegenstände rot ein, die 1983 billiger waren als 1963. Kreise die Gegenstände grün ein, die 1983 teurer waren als 1963. Kontrolliere selbst! Vergleiche dein Ergebnis mit den Lösungen auf der Rückseite.

☑ Vielleicht kannst du sogar die Preisunterschiede zwischen 1963 und 1983 berechnen. Schreibe so in dein Heft:

„Ein Liter Milch kostete 1963 1,01 DM weniger als 1983. …"

Geldwerte darstellen und zerlegen

STATION

Bei der Post bezahlen

Auch wenn du einen Brief oder ein Päckchen verschicken willst, musst du bezahlen: Du kaufst Briefmarken und bezahlst so den Preis für den Transport deiner Post. Diesen Preis nennt man auch Porto. Preise bei der Post:

Brief .... Postkarte ....

Päckchen .... Paket ....
Gewicht .... Gewicht ....

■ Suche dir aus, was du verschicken willst, und schreibe es mit den dazugehörigen Portokosten auf ein Blatt.

■ Zeichne die Briefmarken dazu, die du brauchst, um deine Postsendung zu bezahlen.

■ Könntest du auch andere Briefmarken aufkleben? Suche mehrere Möglichkeiten und zeichne die Briefmarken auf.

■ Zeige dein Ergebnis zur Kontrolle einem Mitschüler oder deiner Lehrerin (oder deinem Lehrer).

Geldwerte darstellen und zerlegen

STATION

Preisschilder und Geldkarten zuordnen

An dieser Station findest du unterschiedliche Karten: Auf den einen stehen Preise, die anderen sind mit Spielgeld beklebt.

▪ Suche zunächst alle Karten heraus, auf denen ein Preis steht, und lege sie nebeneinander auf den Tisch.

▪ Lege die Preiskarten und Spielgeldkarten zusammen, auf denen derselbe Betrag steht.

▪ Vergleiche dein Ergebnis mit den Lösungen auf der Rückseite.

☒ Falls du Lust hast, stelle selbst so ein Kartensortiment her.

Geldwerte darstellen und zerlegen

Kopiervorlage zu
»Preisschilder und Geldkarten zuordnen«

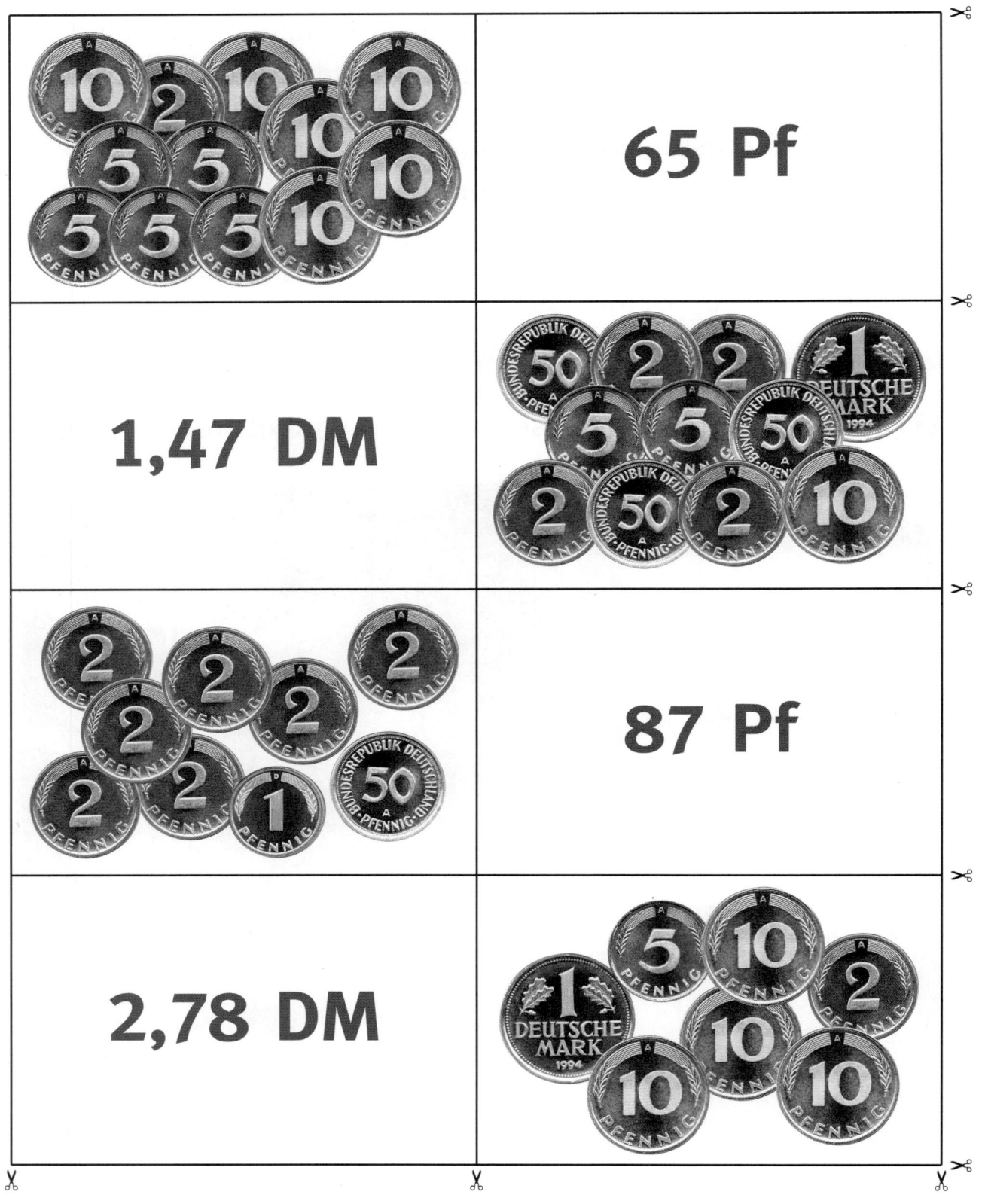

Geldwerte darstellen und zerlegen

STATION

Geld sinnvoll zählen

- Schätze, wie viel Geld in dem Glas ist.
- Überprüfe deine Schätzung und zähle das Geld.
- Lege das Geld zum Zählen in sinnvolle Häufchen und schreibe auf, wie du das Geld gelegt und gezählt hast.
- Überprüfe dein Ergebnis selbst!
  Die Lösung findest du auf der Rückseite.

Geldwerte darstellen und zerlegen

Geldbeträge zusammenstellen

■ Stelle in fünf Zeilen der Tabelle fest, welche Beträge ausgegeben wurden.

■ Als Hilfe kannst du die Beträge mit Spielgeld legen oder auf einem Zettel die Rechnungen aufschreiben.

100	50	20	10	5	2	1	Betrag in DM
–	1	–	1	1	1	2	69 DM
–	1	2	1	2	2	–	114 DM
–	–	2	–	2	–	2	52 DM
–	–	1	1	2	2	–	44 DM
2	–	–	3	–	–	12	242 DM
4	–	–	6	–	–	18	478 DM
1	–	–	2	–	–	34	154 DM
5	–	–	12	–	–	8	628 DM
2	–	–	26	–	–	14	474 DM
4	–	–	17	–	–	12	582 DM

■ Kontrolliere selbst!
Die Lösungen findest du auf dem Kontrollblatt.

Geldwerte darstellen und zerlegen

STATION

Auf verschiedene Arten bezahlen – Tabelle ausfüllen

- Mit welchen Scheinen und Münzen kannst du bezahlen, wenn du die abgebildeten Kleidungsstücke kaufen willst?
- Wähle mindestens zwei Kleidungsstücke aus und fülle die Tabelle aus.

	100	50	10	5	2	1	50	10	5
94 DM	1	2	–	–	1	2	–	–	–
	–	4	–	2	2	–	–	–	–
13 DM									
24,80 DM									
165,95 DM									

- Vergleiche deine Lösungen mit dem Beispiel auf der Rückseite.

Geldwerte darstellen und zerlegen

Auf verschiedene Arten bezahlen – Münzen und Scheine einkreisen

■ Nimm dir eine Kopie und kreise die Münzen und Scheine ein, mit denen du die Beträge bezahlen würdest:

1. _____ **DM**

   Kreise die entsprechenden Münzen und Scheine mit dem grünen Stift ein.

2. _____ **DM**

   Kreise die entsprechenden Münzen mit dem roten Stift ein.

3. _____ **DM**

   Kreise die entsprechenden Münzen und Scheine mit dem blauen Stift ein.

■ Wähle selbst weitere Beträge. Schreibe sie dazu und markiere die entsprechenden Münzen und Scheine mit einer anderen Farbe.

■ Suche dir ein anderes Kind oder deine Lehrerin (deinen Lehrer) zur Kontrolle deiner Lösungen.

Geldwerte darstellen und zerlegen

STATION

Kopiervorlage zu
»Auf verschiedene Arten bezahlen –
Münzen und Scheine einkreisen«

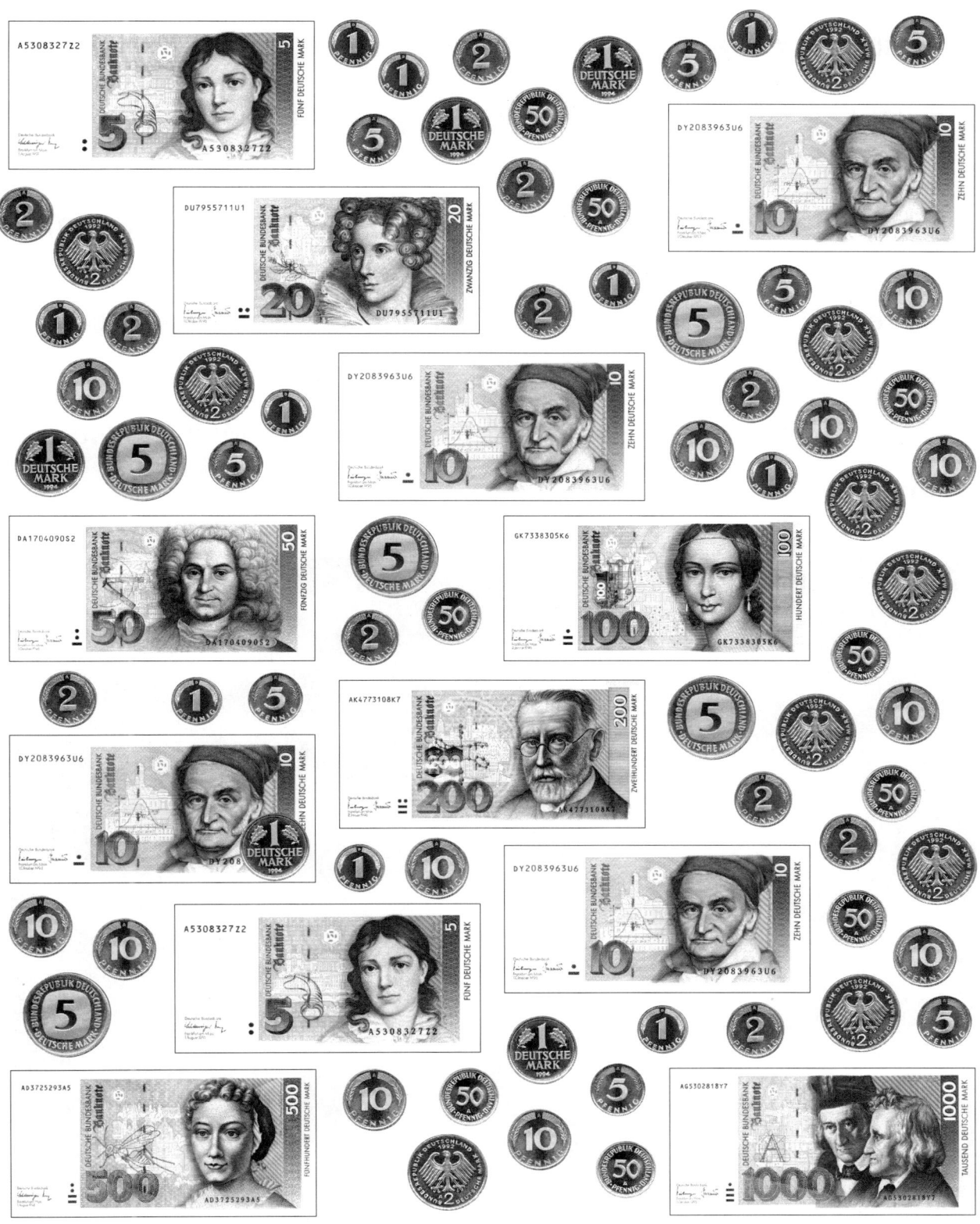

© Cornelsen Verlag Scriptor, Berlin • Lernen an Stationen • Themenheft »Geld, Einkaufen«

Geldwerte darstellen und zerlegen

STATION

Auf verschiedene Arten bezahlen – mit Spielgeld legen

- Suche dir ein anderes Kind!

- Überlege dir einen beliebigen Preis und lege diesen Betrag mit Spielgeld auf den Tisch.

- Das andere Kind soll nun den Preis nennen und versuchen, ihn mit anderen Scheinen und Münzen zu legen. Dabei sollen andere Scheine und Münzen auf dem Tisch zusammengelegt werden.

- Vielleicht findet ihr zusammen sogar mehrere Möglichkeiten!

- Wiederholt die Aufgabe mehrmals. Denkt an den Rollentausch!

Geldwerte darstellen und zerlegen

Auf verschiedene Arten bezahlen – Spielgeld aufkleben

Auf dem Plakat siehst du verschiedene Gegenstände und die dazugehörigen Preise.

- Suche dir einen Gegenstand aus und klebe das Spielgeld so auf, wie du diesen Gegenstand bezahlen würdest.
- Bezahle anders als deine Mitschüler.
- Kreise deine Lösung ein, wenn du fertig bist.

Geldwerte darstellen und zerlegen

Auf verschiedene Arten bezahlen – mit Spielgeld unterschiedlich legen

- Suche dir zuerst ein anderes Kind, das deine Arbeit beobachtet und kontrolliert.

- Suche dir einen Geldbetrag aus:
  10,— DM   15,— DM   16,50 DM   25,25 DM

- Lege diesen Betrag mit Spielgeld auf vier unterschiedliche Arten.

- Vielleicht findet dein Partner noch weitere Möglichkeiten.

- An den Rollentausch denken!

Geldwerte darstellen und zerlegen

STATION

Auf verschiedene Arten bezahlen – nur unterschiedliche Münzen verwenden

- Lege mit Spielgeld nacheinander alle vier Beträge

    8,50 DM   2,05 DM   7,17 DM   3,57 DM

- Lege die Beträge so, dass bei jedem Betrag jedes Geldstück höchstens einmal verwendet wird.

- Bitte ein anderes Kind oder deine Lehrerin (deinen Lehrer), deine Lösung zu kontrollieren.

Geldwerte darstellen und zerlegen

STATION

Unterschiedliche Schreibweisen

Geldbeträge kannst du auf verschiedene Arten schreiben.
Ein Beispiel:

$$2{,}78 \text{ DM} = 2 \text{ DM } 78 \text{ Pf} = 278 \text{ Pf}$$

■ Übertrage diese Beträge in dein Heft und schreibe sie in mindestens einer anderen Form daneben.

167 Pf =

3,45 DM =

1 DM 5 Pf =

875 Pf =

0,25 DM =

Z Wähle mindestens zwei Spalten aus und schreibe jeden Geldbetrag in einer anderen Form daneben.

a)	b)	c)	d)
135 Pf	7 DM 35 Pf	6,10 DM	0,13 DM
264 Pf	9 DM 5 Pf	8,45 DM	2,04 DM
108 Pf	27 Pf	1,01 DM	7,00 DM
97 Pf	6 DM 96 Pf	0,78 DM	9,28 DM
8 Pf	3 DM 7 Pf	2,04 DM	0,01 DM

■ Kontrolliere selbst! Die Lösungen findest du auf der Rückseite.

Einkaufen – Verkaufen

Einkaufsstätten – Markt

- Betrachte das Bild vom Markt.

- Finde selbst Fragen und beantworte sie. Versuche mindestens fünf Dinge aufzuschreiben!

    Ein Beispiel: 1. Was kann man auf dem Markt kaufen?
    2. Was kostet …?

- Besprich deine Fragen/Antworten mit einem anderen Kind oder mit deiner Lehrerin (deinem Lehrer).

Einkaufen – Verkaufen

Einkaufsstätten – früher und heute

- Suche dir einen Partner oder eine Partnerin.

- Jeder von euch entscheidet sich für eins der beiden Bilder und beschreibt dem anderen den Laden, zum Beispiel so:
  „Der Laden ist .... eingerichtet.
  Der Verkäufer hat .... Aufgaben.
  Bevor bezahlt wird, ..."

- Überlegt gemeinsam, in welchem Laden das Einkaufen mehr Spaß macht, welcher Verkäufer mehr Zeit für euch hat usw.

Einkaufen – Verkaufen

Kaufladen einrichten

- Wir wollen hier einen kleinen Kaufladen aufbauen, in dem ihr „Einkaufen und Verkaufen" spielen könnt.

- Bitte bringe von zu Hause leere Packungen, Spielzeug, Bücher............, ... und .... mit.

- Schreibe selbst ein Preisschild und klebe es dazu.

Einkaufen – Verkaufen

Spielen im Kaufladen

- Suche dir ein anderes Kind!
- Besprecht, wer Einkäufer und wer Kassierer ist.
- Der Einkäufer darf höchstens sechs Gegenstände kaufen.
- Der Kassierer rechnet den Preis aus.
- Der Einkäufer kontrolliert den Preis mit dem Taschenrechner und bezahlt passend.
- Auch an den Rollentausch denken!

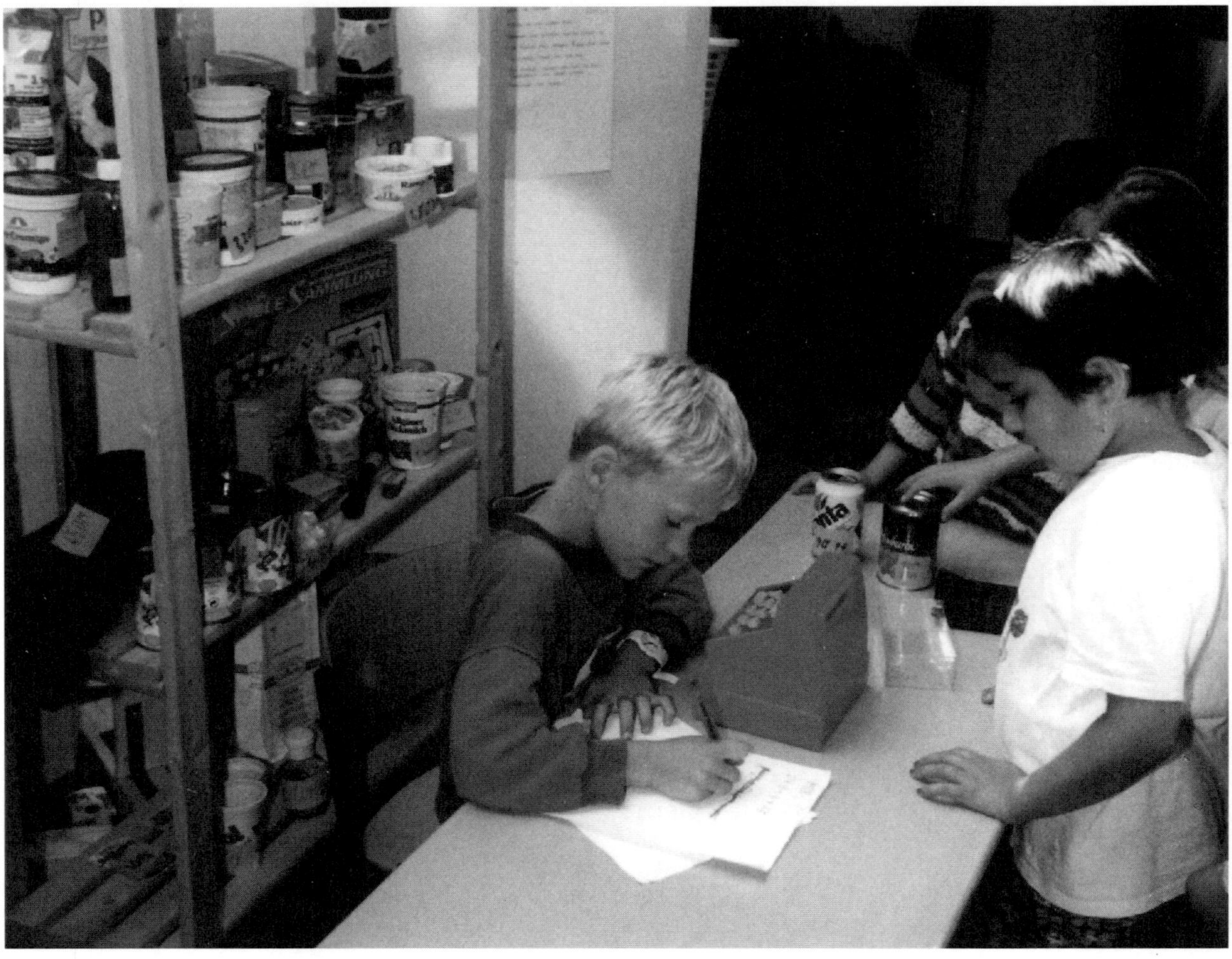

Einkaufen – Verkaufen

Einkäufe nachvollziehen

- Suche dir zuerst ein anderes Kind!
- Schaut euch beide das „Schaufenster" an.
- Du sagst, was du bezahlen musst, und dein Partner soll herausfinden, welche beiden Kleidungsstücke du dir kaufen willst.
- Bitte an den Rollentausch denken!

Z Normalerweise sind die Preise mit DM und Pf angegeben. Ändert die Preise selbst, legt eure eigenen kleinen Preisschilder dazu und macht die Aufgabe noch einmal.

Rechengeschichten

STATION

Sparbeträge bestimmen

Die Kinder Ulli, Kurt, Anna und Petra möchten eines dieser Stofftiere kaufen.

29,50 DM   32,- DM   42,40 DM

So sieht es im Geldbeutel dieser Kinder aus.

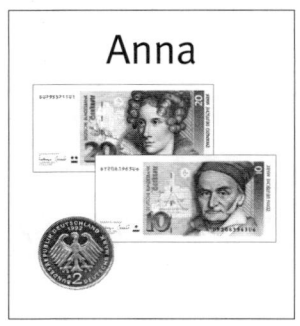

| Kurt | Anna | Ulli | Petra |

■ Schreibe für jedes Kind auf, welches Tier es kaufen kann.

■ Rechne aus, wie viel es für ein teures Stofftier noch sparen muss, und schreibe eine Rechenaufgabe und einen Antwortsatz dazu. Du kannst auch zuerst mit Rechengeld die Beträge legen.

Schreibe so ins Heft:

Kurt hat 34 DM und will den Schleifen-Teddy kaufen, der 42,40 DM kostet.

Rechnung: 34 DM + 8,40 DM = 42,40 DM oder

42,40 DM − 34 DM = 8,40 DM

Antwort: Kurt muss noch 8,40 DM sparen.

■ Zeige deine Lösungen bitte zur Kontrolle deiner Lehrerin (deinem Lehrer).

Rechengeschichten

STATION

Unterschiedliche Fragen beantworten

- Löse die Aufgaben im Heft!
  Heike geht mit ihren Brüdern und ihrem Vater in den Spielwarenladen. Sie will sich mit ihrem gesparten Geld eine Puppe zum Anziehen und Rollschuhe kaufen. Im Geldbeutel hat sie einen 50-Mark-Schein, einen 20-Mark-Schein, zwei 10-Mark-Scheine, zwei 2-Mark-Stücke.

- Wie viel Geld hat Heike gespart? Male die Scheine und Münzen in dein Heft.

- Wie viel kosten ihre zwei Wünsche?

- Welche Scheine oder Münzen muss sie an der Kasse ausgeben?

- Wie viel Geld hat sie nach dem Einkauf übrig?

- Kontrolliere selbst! Die Lösungen findest du auf der Rückseite.

Rechengeschichten

STATION

Unterschiedliche Lösungen finden

■ Löse die Aufgabe im Heft!

■ Ich habe 50,– DM im Geldbeutel. Was kann ich kaufen, wenn ich genau 50,– DM ausgeben will? Schreibe mehrere Möglichkeiten ins Heft!

■ Sieh dir bitte zur Kontrolle die Rückseite an.

Rechengeschichten

Fragen zum Urlaub stellen und beantworten

Wien 3 Tage 184,- DM
Mittelklassehotel
Halbpension, Zimmer mit Bad oder Dusche und WC

Paris 7 Tage 275,- DM
Halbpension, Zimmer mit Bad und WC

Mallorca 5 Tage 485,- DM
Hotel direkt am Meer
Zimmer mit Dusche und WC

London 4 Tage 382,- DM
Halbpension, Zimmer mit Bad und WC, Balkon
HALLENSCHWIMMBAD IM HAUS

Frau Klein: Ich möchte von den 2.000 DM, die ich geerbt habe, mit meinen beiden Kindern fünf Tage Urlaub auf Mallorca machen.

Peter: Ich würde gerne mit meinem Freund ein paar Tage Urlaub machen. Zusammen können wir 400 DM ausgeben.

Oliver: Ich verreise sechs Tage nach Wien.

Herr Müller: Ich habe für meinen nächsten Urlaub für mich und meine Frau schon 500 DM gespart. Wir wollen zusammen vier Tage nach Paris fahren.

■ Suche dir mindestens zwei Personen aus. Was haben sie für Urlaubspläne?

■ Schreibe zu ihren Urlaubsplänen eine Rechen-Frage, die Rechnung und die Antwort ins Heft.

■ Kontrolliere selber deine Ergebnisse! Die Lösungen stehen auf der Rückseite.

▣ Du kannst auch eine eigene Rechengeschichte zu den Reiseangeboten mit Frage, Rechnung und Antwort aufschreiben.

Rechengeschichten

Zu Bildern Sachaufgaben schreiben

(Preise auf den Bildern:)
- Tischtennisschläger: 19,- DM
- Schlittschuhe: 144,95 DM
- Spiel: 32,95 DM
- Tasse "OTTO": 2,45 DM
- Dino-Poster: 3,95 DM
- Filzstifte: 9,99 DM
- Inliner: 125,- DM
- Kappe: 9,95 DM
- Frisbee: 7,95 DM
- Hantel: 29,95 DM

- Schreibe eine Rechengeschichte zu den Bildern auf eine Karteikarte (man sagt auch Sachaufgabe dazu).

- Schreibe bitte auf die Rückseite zu deiner Aufgabe die Rechnung und die Lösung.

- Zeige deine Aufgabe und deine Lösung bitte zur Kontrolle deiner Lehrerin (deinem Lehrer).

Rechengeschichten

Sachaufgaben gestalten, schreiben und lösen

- Gestalte eine eigene Rechengeschichte.

- Schneide aus den beiliegenden Prospekten Dinge aus, die du dir gerne kaufen würdest, und klebe sie auf ein Blatt. Schreibe die Preise dazu.

- Schreibe eine Rechengeschichte (man sagt auch Sachaufgabe dazu).

- Löse die Aufgabe!

- Schreibe die Rechnung und einen Antwortsatz auf.

- Du kannst gerne mehrmals einkaufen und mehrere Bilder aufkleben. Schreibe zu jeder Geschichte die Rechnung und Antwort dazu.

Kassenzettel – Rückgeld

Zu Bildern Rückgeld berechnen

(Batman: 12,- DM, 20 DM-Schein)
(Tasse „PAUL": 7,- DM, 50 DM-Schein)
(Batterien: 6,- DM, 100 DM-Schein)
(Spielzeugauto: 8,- DM, 50 DM-Schein)

■ Wie viel Geld bekommst du zurück?

■ Schreibe zu jedem Bild eine Aufgabe und eine Antwort in dein Heft.
Schreibe so auf: „Spielzeugauto: 50 DM − 8 DM = 42 DM
oder 8 DM + 42 DM = 50 DM.
Ich bekomme 42 DM zurück."

■ Kontrolliere selbst! Die Lösungen findest du auf der Rückseite.

▣ Erstelle eigene Rechnungen und Antworten zu den Preisen im Laden.

Kassenzettel – Rückgeld

Rückgeld berechnen

Folgende Beträge wurden mit einem Zehnmarkschein bezahlt.

- Übertrage die Tabelle in dein Heft!
- Lege das Rückgeld und trage es in die Tabelle ein.

Kaufpreis	4,50 DM	8,97 DM	1,55 DM	6,63 DM
Rückgeld	....	....	....	....
Kaufpreis	_____	_____	_____	_____
Rückgeld	....	....	....	....
Kaufpreis	_____	_____	_____	_____
Rückgeld	....	....	....	....

- Kontrolliere selbst! Vergleiche deine Ergebnisse mit den Lösungen auf der Rückseite.

Kassenzettel – Rückgeld

Bezahlen und Rückgeld bekommen

- Suche dir ein anderes Kind!
- Besprecht miteinander, wer Einkäufer und wer Kassierer spielt.
- Der Einkäufer nimmt aus der Kartenbox eine „Preiskarte" und bezahlt mit einem Schein oder einer größeren Münze.
- Der Kassierer zahlt das Rückgeld aus.
- Wiederholt dieses Spiel mehrmals.
- Bitte an den Rollentausch denken!

Kassenzettel – Rückgeld

Kassenzettel lesen

■ Versuche, auf dem Kassenzettel folgende Daten abzulesen und durch Striche zuzuordnen:

```
      Müller GmbH&Co KG
          Marktplatz 5
         71063 Sindelfingen
                     23.06.97

TESA PACKBAN              6,79
PROSPEKTHUEL              4,99
PROSPEKTHUEL              4,99
HAFTNOTIZEN               1,59

ZWISCHENSUMME            18,36
BARGELD                  20,00

RUECKGELD                 1,64-

incl.15% MWST aus  18,36 = 2,39
           GROSSES
       DAUERNIEDRIG-
       PREISPROGRAMM
         achten Sie auf die
        Kennzeichnung am Regal

#386979 KASSE 02 C 0119   12:54
```

Betrag, den man bezahlen musste

Rückgeld (Geld, das du zurückbekommst)

Datum des Einkaufs

Betrag, mit dem man bezahlt hat

■ Was gibt es noch zu entdecken?

■ Kontrolliere selbst! Die Lösungen findest du auf der Rückseite.

Z Bringe selbst Kassenzettel mit und schreibe Aufgaben dazu auf.

Kassenzettel – Rückgeld

Kassenzettel schreiben

- Suche dir im Katalog einige Dinge aus, die du gerne kaufen würdest.

- Schreibe dir selbst einen Kassenzettel.

- Die folgenden Angaben sollten auf deinem Kassenzettel enthalten sein:

    Datum des Einkaufs

    die Artikel, die du gekauft hast, und ihr Preis

    die Summe, die du bezahlen musst

    der Betrag, mit dem du an der Kasse gezahlt hast

    das Rückgeld (Geld, das du zurückbekommst)

- Als Hilfe kannst du dir einen Kassenzettel angucken.